35 Reflexiones para Ser Feliz

35 Reflexiones para Ser Feliz

Juan Manuel Martín Menéndez

Editorial Atalandria

Primera edición: Febrero 2017

© Juan Manuel Martín Menéndez 2017

Reservados todos los derechos de esta edición para
© Atalandria
C/ Murillo 7, portal 17 – 1º derecha
28223 Pozuelo de Alarcón (Madrid)
info@atalandria.com

Edición y corrección: Paloma Bermejo
Diseño de portada: Silvina Privitera
Diseño de interior: BookClaw.com

ISBN: 978-84-608-7379-2

Queda rigurosmente prohibida sin autorización por escrito del editor cualquier forma de reproducción, distribución, comunicación púbica o transformación de esta obra, que será sometida a las sanciones establecidas por la Ley.

Para todos aquellos que buscan la felicidad en su vida

Índice

Introducción 11

Reflexiones 13

   1 ¿Qué es la felicidad?..15
   2 El peor pecado que uno puede cometer.....................19
   3 Lo que realmente importa 23
   4 La aventura de la vida..27
   5 Quiero más de mi vida 31
   6 El verdadero éxito 35
   7 El poder de la gratitud..37
   8 Sentirte a gusto en tu propia piel..............................39
   9 ¿Por qué no me siento satisfecha con mi vida? 43
  10 Querer lo que tienes..47
  11 Cuando dejas de soñar pierdes vida..........................49
  12 ¿Con qué alimentas tu mente? 53
  13 Cuando algo nos molesta mucho de los demás 55
  14 Lo único que tenemos...59
  15 Cuando la vida nos da un golpe 63
  16 El deseo más poderoso de los seres humanos 65
  17 Escuchar al corazón..69

18 ¿Ver para creer o creer para ver? 73
19 Todo lo bueno que tienes en tu vida....................77
20 Los mejores momentos de nuestra vida........................81
21 La mirada que nos ayuda 85
22 Saborear los placeres..............................87
23 Las palabras crean realidad................................91
24 El lado divertido de la vida 93
25 La audacia tiene genio, poder y magia............................97
26 ¿Tienes aficiones?..99
27 El tren de la ilusión 101
28 No soy feliz, ¿qué hago? 105
29 Tres cosas hay en la vida 109
30 Navegando por aguas turbulentas 113
31 Ser feliz en el trabajo 117
32 La sabiduría de los pueblos indígenas..................... 123
33 Caminante no hay camino, se hace camino al andar.. 127
34 Los cinco arrepentimientos más comunes antes de morir.. 131
35 Soy el dueño de mi destino 137

Epílogo 141

Sobre el autor 143

Otros libros... 145

Introducción

Todos queremos ser felices. Éste es un deseo que parece que los seres humanos traemos "instalado de fábrica", es por ello que la felicidad ha sido objeto de estudio por parte de filósofos, pensadores y, más recientemente, por la psicología.

Si echo la vista atrás, veo que la búsqueda de la felicidad y la satisfacción ha sido una constante en mi vida, y se encuentra detrás de las decisiones que he ido tomando y de los caminos por los que he transitado. Mi decisión de dejar una carrera profesional en la que había logrado el éxito tiene su raíz ahí; esta decisión me embarcó en un "viaje" de descubrimiento y transformación personal que cambiaría por completo mi forma de ver la vida.

La felicidad no es solamente un estado emocional que nos resulta agradable, es mucho más, es un faro que nos indica el camino, nuestro camino, y que nos ayuda a vivir la plenitud del ser.

Es indudable que la vida tiene muchas experiencias que parecen ir en contra de vivir en un permanente estado de regocijo y "éxtasis" existencial, pero es que la felicidad no es eso. La felicidad es un estado interior que tiene muchos matices y que en cada persona adquieren una determinada tonalidad. Por eso es tan difícil teorizar sobre ella.

Este libro no es para mostrar ningún tipo de teoría sobre la felcidad, sino una recopilación de unas cuantas reflexiones sobre aspectos de la vida y el vivir que contribuyen a que nos sintamos felices en nuestra vida.

Espero que el libro te guste y que contribuya a que tu vida esté llena de esa felicidad que yo creo es nuestro derecho, pero también nuestra responsabilidad como seres humanos. Independientemente de la circunstancias, la felicidad es en última instancia una decisión que nosotros tomamos cada día. Como bien dijo el famoso escritor francés Voltaire: "He decidido ser feliz porque además es bueno para la salud".

Reflexiones

1

¿Qué es la felicidad?

Tratar de definir la felicidad es como tratar de explicar una puesta de sol; se puede hablar de los matices de los colores, de la luz, del paisaje, pero en realidad, una puesta de sol es una experiencia, y una experiencia única diría yo, ya que cada puesta de sol es diferente y distinta a la del día anterior y a la del día siguiente.

¿Qué es la felicidad? Pues realmente no lo sé, lo que sí sé es reconocer cuándo me siento feliz y cuando no. Un día como hoy, me he levantado ilusionado y con ganas de sacarle todo su juguillo. Quizá sea porque el día está soleado, y el sol ya se sabe, nos suele llenar de vida y levantar el ánimo. Quizá, porque el trabajo que tengo que hacer hoy me resulta estimulante. O quizá porque al escuchar la radio me he reído un rato.

Grandes filósofos a lo largo de la Historia han tratado de definir la felicidad y de estructurar caminos hacia ella, y esto ha sido así por ese deseo y anhelo profundos que tenemos los seres humanos de sentirnos felices. No se sabe muy bien de dónde viene este anhelo, pero está ahí. Hay quien dice que esto está conectado con nuestra biología y el instinto de supervivencia; el placer genera un impulso hacia lo que nos ayuda a sobrevivir como organismo, y el dolor un impulso a alejarnos de aquello que amenaza nuestra supervivencia. Yo creo que hay algo de esto en nuestro deseo de felicidad, puesto que los estados emocionales positivos nos acercan a la vida y a los demás. Sin embargo, también creo que más allá de nuestra biología, el impulso que tenemos hacia la felicidad tiene que ver con la expresión más perfecta de nuestro ser y nuestra vida. Dicho en términos menos rimbombantes, todo aquello que nos hace sentirnos felices nos da pistas de por dónde está el mejor camino para plantear nuestra vida.

¿Qué es la felicidad? Pues en primer lugar un estado emocional positivo cuyos matices pueden ser distintos y variados, al igual que lo son los colores y la luz de una puesta de sol. Esos matices van desde la alegría y el regocijo, al placer, la ilusión, el amor, el disfrute, la serenidad y demás estados emocionales positivos. Pero también la felicidad es un faro y una guía que nos ayuda a plantear nuestra vida y a hacer el mejor camino posible en este viaje por el que vamos transitando a lo largo de los años desde ese día maravilloso en el que abrimos los ojos y vemos por primera vez los colores del mundo.

Podría parecer una quimera, pero creo que ser felices es nuestro derecho y nuestra obligación, aunque esta última palabra pueda parecer un tanto fuerte. Creo que buscar la felicidad es una obligación que tenemos contraída con la vida misma desde el día en que nacemos.

2

El peor pecado que uno puede cometer

"He cometido el peor pecado que uno puede cometer. No he sido feliz". Estas palabras no son mías, son de Jorge Luis Borges y forman parte de su poema "El remordimiento", pero son palabras que suscribo completamente. Si lo que parece es que en última instancia todos deseamos ser felices, no serlo es un pecado. Y aquí utilizo la palabra pecado no desde la acepción moral-religiosa que solemos darle, sino desde su acepción primigenia, que tiene su raíz en el griego, y que es "errar el tiro".

Si no somos felices, estamos errando el tiro, no estamos dando en el blanco de la diana de la vida porque ese profundo anhelo interior que es parte de la naturaleza humana no está ahí por casualidad. Si sentimos sed es porque nuestro cuerpo necesita agua y si no se la proporcionamos se va deteriorando poco a poco hasta llegar a morir. Con nuestra sed de felicidad pasa lo mismo, pero en este caso quien tiene la necesidad no es el cuerpo, sino el alma, y es ésta la que muere de sed si no experimenta la alegría de vivir.

Creo firmemente que al igual que todos tenemos derecho al agua por ser éste un elemento básico para la vida, también todos tenemos derecho a la felicidad, elemento básico de la vitalidad de nuestro espíritu. Pero todo derecho siempre conlleva una responsabilidad; somos nosotros los responsables de obtener eso que necesitamos. ¿Alguien piensa que puede saciar su sed si no se acerca al grifo, a la fuente, o compra una botella? Entonces, ¿por qué muchas veces pensamos que la felicidad es algo que nos tienen que proporcionar otros o que tiene que venir de fuera?

Siempre me ha sorprendido cómo algunas personas con circunstancias difíciles en sus vidas se muestran animosas y felices, y otras con circunstancias mucho mejores se sienten tristes y desgraciadas. ¿Influyen las circunstancias en nuestra felicidad? Sí, claro que sí, unas buenas circunstancias de salud, familiares, económicas y sociales ayudan mucho, pero no son condición imprescindible. Sin embargo, lo que sí es imprescindible es nuestra actitud y cómo nos planteamos y vivimos nuestra vida porque esto es lo que en última instancia nos lleva a vivir una vida feliz.

Una sugerencia: mira cada día tu vida como un regalo del que vas a poder disfrutar por un tiempo limitado y disponte, día a día, a disfrutar de él.

3

Lo que realmente importa

¿No has tenido la sensación en más de una ocasión de que la vida va tan deprisa que no te permite pararte para respirar y pensar en las cosas importantes?

Vivimos en una época caracterizada por la velocidad, el cambio, lo inmediato y lo efímero. Esto no es, en mi opinión, ni bueno ni malo, simplemente es la realidad del mundo en el que transcurre nuestra vida. ¿Tiene esta realidad algo bueno? Pues claro que sí, muchas cosas buenas. Sin ir más lejos, si nos hubiese tocado vivir hace un par de siglos, nuestra esperanza de vida no pasaría de los cuarenta y pico años. Sin embargo hoy, con la vertiginosa velocidad que lleva la evolución y el desarrollo de la medicina, las enfermedades son dominadas en espacios de tiempo cada vez más cortos. Incluso, con todas las posibilidades que ha abierto el descubrimiento del genoma humano, en breve muchas de las enfermedades que todavía hoy nos generan sufrimiento y que se nos llevan por delante, serán eliminadas. Por eso, éste es un gran tiempo de la Historia en el que estar vivos.

Pero también es cierto que ese ritmo tan acelerado que ha adoptado la vida tiene sus consecuencias en nosotros y en nuestro bienestar psicológico. Cuando la hierba sobre la que pisamos está siendo constantemente segada por la máquina del cambio, se produce en nosotros la angustia de la incertidumbre y el miedo que ello conlleva, pero también se produce una sensación de falta de raíz y de solidez en nuestro ser, una desconexión con nosotros mismos provocada por tener que estar permanentemente *surfeando* la cresta de la ola.

La pregunta que quizá te estés haciendo es: ¿...y qué se puede hacer? Aunque quizá sería mejor empezar cuestionándonos lo que no podemos hacer. Lo primero que no podemos hacer es quejarnos, porque eso nos pone en un estado interior de impotencia que es depresivo y limitador. Y lo segundo que no podemos hacer es aceptar vivir una vida menos plena, satisfactoria y feliz de la que todos y cada uno de nosotros nos merecemos. Desde esta actitud ya podemos preguntarnos sobre lo que hacer.

Lo que realmente importa

Lo primero es tener una clara conciencia de lo que realmente importa porque en el mundo de lo rápido podemos perder de vista lo que realmente importa con mucha facilidad. Fíjate que he utilizado la expresión "lo que realmente importa" y no "lo que es importante para mí". Lo he hecho intencionadamente porque lo que es importante para cada uno de nosotros va variando a lo largo del tiempo: algo que es muy importante hoy, en unos meses o años deja de serlo para dar paso a otra cosa. Sin embargo, la expresión "lo que realmente importa" nos invita a una reflexión profunda y espiritual, a pensar en nuestra Vida con mayúscula, a reflexionar sobre el significado y el propósito que le damos y sobre lo que queremos que sea este viaje que sabemos el día que comenzó y que un día, cercano o lejano, llegará a su fin.

Esta reflexión y sus conclusiones son como un ancla que nos da solidez de ser, pero también un timón que nos ayuda a tomar decisiones para que nuestra vida sea plena, satisfactoria y feliz.

4

La aventura de la vida

Supongo que es por mi propio carácter, pero creo que a muchísimas personas les pasa igual que a mí, nos gusta la aventura. Sólo con pensar en viajes, en experiencias nuevas, en conocer lugares y gentes, el corazón se nos pone a latir con más fuerza como diciendo: sí, sí, quiero eso, quiero eso, ¿cuándo nos vamos?

La verdad es que la aventura es tremendamente estimulante y nos permite recargar las que yo llamo "pilas del alma", que normalmente se suelen descargar bastante con la rutina del día a día. Los viajes son una excelente manera de recargar estas pilas porque nos sumergen de lleno en lo nuevo y distinto. No hace falta que nos vayamos a escalar el Himalaya o adentrarnos en la selva amazónica; la aventura se produce cuando salimos de la rutina y nos sumergimos en nuevas experiencias. Y en los viajes esto ocurre de forma casi automática, por eso resultan tan estimulantes.

Cuando viajamos vamos en modo "explorador", queremos ver cosas, visitar sitios, probar comidas distintas, asombrarnos, emocionarnos, explorar, aprender, conocer gente nueva. Todo ello, o una mezcla, está siempre presente al emprender un viaje. Pero luego, al volver a casa, entramos de nuevo en nuestra rutina y alimentamos nuestra alma pensando en el siguiente viaje. Utilizo intencionalmente la expresión "alimentar el alma" porque una de las necesidades del espíritu humano es precisamente la de descubrir y experimentar la vida. Esto se ve claramente cuando somos niños y funcionamos siguiendo nuestros impulsos naturales que nos llevan a querer explorarlo todo y a descubrir y aprender. Luego, a medida que vamos creciendo y el proceso educativo va haciendo su labor, nos vamos alejando de estos impulsos para seguir las pautas que la sociedad nos marca. Esto en sí no es ni bueno ni malo porque la educación es necesaria y nos ayuda a desarrollarnos y a construir nuestra persona. Sin embargo, la desconexión con nuestra naturaleza y no atender sus necesidades tiene un efecto en nuestros niveles de satisfacción vital, de felicidad, de alegría de vivir e incluso de salud.

La aventura, entendida ésta como explorar, descubrir y experimentar, es una necesidad de nuestra naturaleza que busca su satisfacción. ¿Quiere esto decir que tenemos que dedicar una parte de nuestros ingresos a hacer viajes? No, claro que no. No es a ese tipo de aventura al que ahora me refiero, sino a la aventura de la vida.

Si miramos nuestra vida desde el día que nacimos ¿no ha sido una verdadera aventura? La historia de nuestra vida es la historia de una aventura en la que han ocurrido cosas, lo creamos o no, que son tremendamente interesantes y de la que se podría hacer una película de esas que te enganchan tanto que no te puedes levantar del sillón. Pero no es sólo lo que ha ocurrido, sino lo que ocurrirá en el tiempo que nos queda en este viaje que llamamos vida. Cuando vemos y nos tomamos nuestra vida así, todo adquiere un color mucho más intenso y la vida se vuelve interesante y estimulante.

Tres sugerencias que te hago:

1. Toma plena conciencia de que tu vida es una aventura muy interesante.
2. Busca explorar, descubrir y aprender cada día.
3. Mira al futuro y no veas algo ya definido y prefijado, y siente en lo profundo de tu corazón la emoción de lo desconocido y por venir. No caigas presa de esa necesidad del ego humano de seguridad y de tenerlo todo atado y planeado que ahoga el alma. Vive como si hoy fuera tu primer día y como si fuera el último.

5

Quiero más de mi vida

Hoy en día se escucha mucho la expresión: "la vida va muy rápido". Y es verdad, si echamos la vista atrás, tan sólo quince o veinte años, nos damos cuenta de cuánto han cambiado las cosas: la realidad geopolítica del mundo es muy diferente a la de entonces, la realidad tecnológica, ni te cuento, la realidad social es también muy distinta, pero a todos estos cambios que son muy visibles y notorios hay que añadir el cambio en las personas, en nosotros mismos, que quizá no es tan visible, pero que es, en mi opinión, el mayor de todos.

En estos momentos, en la penumbra de los pliegues de la masa gris que se oculta bajo nuestro cráneo, se está produciendo una transformación cuyas consecuencias todavía desconocemos: un cambio en el sistema de valores que está moviéndose de los materiales a los inmateriales.

El bienestar material y el dinero están dejando de ser la principal búsqueda para muchas personas, y están siendo sustituidos por el bienestar emocional y espiritual, y por la búsqueda de aspectos inmateriales de la existencia, como la felicidad, el disfrute de la vida, la realización personal, la pasión o el descubrimiento. Quizá la razón sea, como nos enseñó Abraham Maslow, que cuando unas necesidades están cubiertas, otras se abren y se hacen más presentes en nuestra consciencia. Ciertamente, la eclosión de esta búsqueda de la riqueza inmaterial tiene su base en que, como sociedad, hemos llegado a un buen grado de riqueza material, y eso hace que en muchas personas se abran esas otras necesidades.

La palabra clave aquí es "necesidades" porque muchas veces tendemos a ver aspectos, como la realización personal, la pasión o el disfrute de la vida como un plus que está muy bien tener, no dándonos cuenta de que son verdaderas necesidades que hemos de atender con la misma diligencia que atendemos las necesidades materiales como lo es la de comer porque si no lo hacemos podemos encontrarnos con la panza llena y el espíritu famélico.

Hoy en día muchas personas queremos más de la vida, queremos felicidad, pasión, disfrute, realización, experiencia, y lo queremos no porque ahora esté de moda querer estas cosas, sino porque en nuestro interior se ha producido una apertura y sentimos la necesidad de ello. ¿En cuántas personas está ocurriendo esto? En muchos millones en todo el mundo, mayoritariamente en el mundo desarrollado; y ello está cambiando la sociedad, y traerá un mundo, en mi opinión, más espiritual, más feliz y más humano. Este cambio es imparable porque no es ningún movimiento social ni está promovido por nadie, es un cambio profundo en el interior de los seres humanos promovido por la mejora en las condiciones de vida.

Si te encuentras diciéndote: "quiero más de mi vida", has de saber que no estás solo o sola, que hay muchos millones de personas como tú y que esa necesidad que sientes es legítima y ha de ser atendida.

6

El verdadero éxito

En su afamado libro *Los siete hábitos de la gente altamente efectiva*, Stephen Covey hace una reflexión que me parece de la mayor importancia: "Hay veces que nos esforzamos por llegar a lo alto para darnos cuenta cuando llegamos de que la escalera está apoyada en la pared equivocada". Esta frase está llena de sabiduría porque refleja la realidad de muchas personas que persiguen el éxito pero que en el camino se pierden a sí mismas, dando con ello un golpe casi mortal a su satisfacción vital.

El éxito es algo que todos los seres humanos deseamos, al igual que deseamos sentirnos felices; parece que esto lo traigamos programado en nuestro ADN. El éxito tiene muchos nombres pero un único significado: lograr aquello que deseamos. Pero también tiene una característica única: implica hacer un camino. Y aquí es donde la reflexión de Covey adquiere toda su importancia porque ese camino no es otra cosa que tiempo de nuestra vida, el bien más valioso que tenemos.

Para mí el verdadero éxito no es sólo lograr, sino lograr lo adecuado, y además disfrutar del viaje que implica el logro. ¿Qué es lo adecuado? Pues esta es una pregunta que cada uno hemos de responder mirando nuestro corazón y viendo qué es lo que en ese plano de nuestro ser realmente deseamos. Si no volvemos nuestra mirada hacia el interior, será la cultura y la gran maquinaria del *marketing* moderno quienes dicten qué perseguiremos y a qué dedicaremos nuestro precioso tiempo. Y entonces, corremos el riesgo de lograr lo que nos habíamos propuesto y darnos cuenta de que no es lo que realmente queremos ni lo que nos llena de verdad.

No quiero teorizar sobre esto porque la vida nos presenta mil y una circunstancias a las que tenemos que dar respuesta y que nos pueden alejar del ideal. Sin embargo, sí que quiero abrir la reflexión sobre la importancia de volver la mirada hacia dentro si queremos encontrar verdadera satisfacción en nuestra vida. Al final, si lo miramos bien, lo único que tenemos es tiempo, y, como todo recurso, su posesión implica la responsabilidad en su uso.

Para terminar, una pregunta: ¿qué desea tu corazón?

7

El poder de la gratitud

¿Sabías que la gratitud puede aumentar considerablemente tu nivel de felicidad y satisfacción en la vida?

Esto, que el sentido común y la experiencia de muchos indica que así es, hoy en día está avalado por las investigaciones científicas en el campo de la psicología. En su libro *La auténtica felicidad*, Martin Seligman, uno de los máximos exponentes de la llamada psicología positiva, que está enfocada a investigar y ayudar a las personas a vivir vidas felices y plenas, nos cuenta los resultados de un experimento controlado que realizaron.

Lo hicieron con un grupo de personas en la Universidad de Pensilvania. El grupo lo dividieron en tres subgrupos: a uno le pidieron que llevasen un diario en el que reflejaran los sucesos acaecidos en el día por los que se sentían agradecidos; a otro, que registrasen en el diario las dificultades con las que se habían encontrado, y al tercer subgrupo le pidieron que sencillamente registrasen cosas que habían hecho. Los resultados fueron que la alegría, la felicidad y la satisfacción con la vida se dispararon en el grupo de personas agradecidas.

Mirar nuestra vida con los ojos de la gratitud nos llena de esta emoción, así como de la emoción de la satisfacción. Esto no quiere decir que le quitemos importancia a las dificultades que tengamos o que hayamos podido tener, lo que quiere decir es que traemos al primer plano de nuestra consciencia todo lo bueno y positivo que hay y ha habido en nuestra vida, y esto genera las emociones correspondientes. Prácticamente todo el mundo, aun en las condiciones más difíciles, puede encontrar algo por lo que sentirse agradecido.

Esta sencilla herramienta de llevar un diario en el que –idealmente antes de acostarte– escribas las cosas y los sucesos del día por los que te sientes agradecido (puede ser algo que te ha dicho tu hijo, la sonrisa de tu pareja, la ayuda que has recibido de un compañero de trabajo, un logro conseguido…) puede aumentar considerablemente tu nivel de felicidad y satisfacción en tu vida. Se trata de hacer un repaso rápido del día desde la mirada de la gratitud.

8

Sentirte a gusto en tu propia piel

¿Quieres ser feliz? Hay una condición indispensable: sentirte a gusto en tu propia piel. Es difícil que nos sintamos bien y a gusto en la vida si primero no nos sentimos bien con nosotros mismos. Sin embargo, esta es la realidad de muchas personas que en el fondo no se sienten lo suficiente: lo suficientemente atractivas, lo suficientemente inteligentes, lo suficientemente capaces, lo suficientemente preparadas, lo suficientemente... Es como si hubiera una voz interior que estuviera todo el tiempo gritando: no eres lo suficiente.

Y ciertamente la hay, esa voz interior no es más que lo que en psicología se denomina introyección, y que es la interiorización que se produce en la niñez de los mensajes que nos transmiten de nosotros mismos las figuras de poder que hay en nuestra vida: nuestros padres, educadores y otras personas relevantes. Esas voces las interiorizamos de tal manera que pasan a formar parte de nuestra propia mente y por ello creemos que son nuestras, pero la realidad es que no lo son. La autoestima, el autorechazo, el autorrespeto y la autoimagen son producto del proceso de desarrollo que seguimos desde el día de nuestro nacimiento, y provienen en gran medida de los mensajes que recibimos en la niñez. Si esos mensajes tenían la forma de voces que nos decían: eres válido, eres valiosa, te puedes equivocar, eres inteligente, eres capaz, eres guapa o guapo... en nuestra mente se habrá desarrollado una autoimagen positiva, respeto, aceptación y valoración de nosotros y nuestras capacidades. Si esas voces eran de crítica, de exigencia o de rechazo, la consecuencia natural es esa sensación interior de "no soy lo suficiente".

La vida es como es y no hay que culpar a nadie porque en cierta medida en este terreno todos somos víctimas de víctimas, ya que esos mensajes y esas voces interiores pasan de generación en generación transmitiéndose como un legado familiar y cultural. Es la toma de conciencia lo que nos permite romper la cadena, sanarnos a nosotros mismos, a nuestro linaje y al mundo.

La primera toma de conciencia es la de nuestro propio valor. Eres un ser humano de valor incalculable, tu vida es única e irrepetible, tus talentos y capacidades son únicos, tu potencial inmenso. Éstas son verdades irrefutables, absolutas y objetivas, que hemos de interiorizar a través de recordárnoslo a menudo. No se trata tanto de luchar contra esas voces que podemos haber interiorizado y que nos hablan de rechazo, de insuficiencia y de exigencia, sino de sustituirlas por otra voz, en este caso nuestra propia voz formada y decidida por nosotros mismos en base a nuestra propia inteligencia y al amor hacia nosotros mismos.

La segunda toma de conciencia es la del absurdo de la comparación. Cuando no nos sentimos "lo suficiente" es porque hay una comparación con algo o con alguien. Hay personas que a la vista de muchos son tremendamente atractivas, pero que no se sienten así; otras muy inteligentes que se sienten torpes; otras con un buen nivel de bienestar económico que se sienten pobres. Esto es así por ese mecanismo tan humano que es la comparación y la percepción subjetiva. Es importante darnos cuenta de cómo nos formamos una imagen de nosotros en base a comparaciones, normalmente arbitrarias, y en muchos casos erróneas.

Sentirnos bien en nuestra propia piel es la consecuencia natural de la conciencia de todo nuestro valor y valía, y de dejar a un lado toda comparación sabiendo que hemos nacido para ser nosotros mismos y para nadar en nuestro propio río.

9

¿Por qué no me siento satisfecha con mi vida?

Esta pregunta se la hace la autora del libro *Come, reza, ama* que se ha convertido en un *best seller* mundial porque conecta con ese sentir de muchas personas que teniendo todo lo que habían deseado tener: éxito profesional, una familia, una buena situación económica, etc., no sienten la felicidad y satisfacción que habían soñado tendrían cuando consiguiesen todo ello. Elizabeth Gilbert nos cuenta en el libro que esta era su situación y sobre la decisión que tomó un buen día de embarcarse en la búsqueda de la respuesta.

Yo creo que este no es un tema menor porque la insatisfacción es un aviso que nos viene del interior de nuestro ser y que nos indica la necesidad de hacer cambios en nuestra vida. Al igual que el dolor físico nos indica que hay algo que no va bien en nuestro cuerpo y a lo que debemos prestar atención, la insatisfacción nos indica que hay algo que no va bien en cómo está yendo nuestra vida, y la necesidad de hacer cambios.

Hace ya bastante tiempo que comencé a verme a mí mismo y a nuestra naturaleza humana como un mar con una superficie y una profundidad. En esa profundidad de nuestro ser hay vida que se deja sentir en la superficie. Esta es la razón por la que en ocasiones podemos haber conseguido todo aquello que habíamos deseado, y aún así no sentirnos satisfechos, pues los deseos de la profundidad de nuestro ser no están debidamente atendidos y nos encontramos en un estado de necesidad y hambre interiores.

Elizabeth Gilbert nos da en su libro su receta: come, reza, ama. Esto es lo que ella descubrió en su viaje de búsqueda por las tierras de Italia, India e Indonesia. A mí me parece una receta muy válida. Come se refiere al disfrute de la vida, de los sentidos, de los placeres, de lo sensual. Reza se refiere a prestarle atención a la profundidad de nuestro ser y a esa necesidad que aparece en muchos de nosotros de trascendencia y de sentido superior de la vida. Y ama se refiere a la necesidad de conexión que tenemos los seres humanos con otros seres humanos.

¿Por qué no me siento satisfecha con mi vida?

Bien sencilla la receta que nos da Elizabeth Gilbert, y al mismo tiempo tremendamente sabia y eficaz. Al final, como suele ocurrir, las cosas más sencillas son las más eficaces.

10

Querer lo que tienes

¿No te has descubierto en más de una ocasión pensando en algo que deseabas e imaginándote lo feliz que te sentirías si lo tuvieras: una pareja, una familia, un coche nuevo, la casa de tus sueños, un ascenso, un determinado trabajo, un viaje, que tu mujer fuese más comprensiva, que tu marido fuese más romántico...? La realidad es que hay muchas cosas que queremos en la vida y cuya consecución asociamos con la experiencia de la felicidad. Y la verdad, con razón, porque tener lo que queremos es una fuente de felicidad. Sin embargo, se trata de la mitad de la ecuación, la otra mitad reza a la inversa: una fuente de felicidad es querer lo que tenemos.

Si te fijas en tu vida y en todo lo que hay en ella, ¿cuánto de todo lo que tienes lo escogerías de nuevo? ¿Tu pareja?, ¿tus hijos?, ¿tus padres y hermanos?, ¿tu trabajo?, ¿tu carrera profesional?, ¿tu empresa?, ¿tu casa?, ¿tus amigos?, ¿tus aficiones?, ¿tu estilo de vida? Seguro que hay cosas que cambiarías, pero me atrevo a aventurar que hay bastantes que volverías a escoger, es decir, que querrías tener si no las tuvieras. Lo que nos suele ocurrir es que nos habituamos a lo que tenemos y el deseo de lo que no tenemos y querríamos tener puede adquirir una mayor fuerza y presencia en nuestra mente que lo que sí tenemos.

Cuando queremos (apreciamos, valoramos, amamos) lo que tenemos, nuestro corazón se llena con las emociones positivas del amor, la alegría y la satisfacción, que son las que nos hacen sentirnos felices en nuestra vida. Estas emociones además nos dan fuerza y capacidad para trabajar en obtener aquello que deseamos. No se trata de quedarnos sin deseos; pero es muy diferente trabajar por un objetivo desde un estado interior de carencia que hacerlo desde uno de felicidad y abundancia, este último hace que disfrutemos mucho más del viaje hacia la consecución de nuestros deseos y sueños.

¿Y qué ocurre con lo que hay en nuestra vida que preferiríamos no tener o que es una fuente de infelicidad? Pues como dice la famosa oración de Reinhold Niebuhr:

> "Serenidad para aceptar las cosas que no puedas cambiar;
> Valor para cambiar lo que puedas;
> Y sabiduría para reconocer la diferencia".

11

Cuando dejas de soñar pierdes vida

En una ocasión escuché a alguien decir: "Cuando dejas de soñar pierdes vida". Y es verdad, porque los sueños son como una llama viva en nuestro interior que nos anima y nos mueve. Los sueños tienen la capacidad de generar en nosotros emociones positivas, como la ilusión, el entusiasmo, el propósito o el sentido; y esta es la razón por la que son una fuente de felicidad en nuestra vida.

La diferencia entre las metas y los sueños es que estos últimos tienen un mayor componente emocional y significado para nosotros. Puedo tener la meta de conseguir una determinada cualificación profesional o el sueño de hacer un determinado tipo de trabajo o llevar un determinado tipo de vida. Un estudiante de arte dramático tiene la meta de terminar sus estudios y el sueño de convertirse en actor y de vivir la vida que viven los actores. Un estudiante de ingeniería puede tener la meta de terminar sus estudios universitarios y el sueño de llegar a dirigir la empresa más importante de su sector o de ser el responsable de importantes proyectos.

Desde el punto de vista de felicidad y emociones positivas, las metas nos suelen dar felicidad cuando las conseguimos, sin embargo, los sueños nos dan felicidad a lo largo de todo el camino. Esta es la razón por la que los soñadores suelen ser gente feliz, y por la que tener sueños es una muy buena prescripción de cara a nuestra felicidad de vida.

Sin embargo, lo que en muchas ocasiones ocurre, es que a medida que vamos avanzando en nuestra vida y cumpliendo o abandonando los sueños que teníamos en la juventud, nos vamos quedando sin sueños, y con ello perdemos una fuente de felicidad y también una fuente de vida.

Los sueños no son más que algo que deseamos ver materializado en nuestra vida, o en la vida de los demás, o incluso en el mundo, y como tal los podemos tener a cualquier edad. De hecho, yo creo que los sueños de la edad adulta son mucho más potentes que los de la juventud porque son sueños más maduros y con un mayor significado. La clave está en mirar nuestra vida y el mundo y ver cómo nos gustaría que fuera. La otra clave es convertir el sueño en acción, comenzar a caminar para materializarlo por medio de acciones, mayores o menores, pero acciones, porque un sueño sin acción no es un sueño, es una ensoñación.

¿Qué te gustaría ver materializado? ¿Una nueva casa, tocar la guitarra, un determinado puesto profesional, una cantidad de dinero que te permita sentir seguro o mandar a tus hijos a estudiar a las mejores universidades del mundo, una sociedad más solidaria, una atmósfera más limpia...? Vamos, ¿cuáles son tus sueños?

Permítete soñar y comprométete con tus sueños, conviértelos en metas y ponte en camino. Esto llenará tu vida de ilusión y entusiasmo. No permitas que las limitaciones que se ponen otros te limiten a ti.

12

¿Con qué alimentas tu mente?

Nuestra mente es como un jardín fértil en el que florecen aquellas semillas que introduzcamos y reguemos a diario. Ya que la mente funciona en términos de imágenes y de palabras, dos medios excelentes de sembrar pensamiento positivo son la visualización y las afirmaciones.

Cuando visualizamos imágenes positivas de una manera regular, imágenes positivas de nosotros, de los demás y de la vida en general, éstas van arraigando en la tierra fértil de nuestra mente que luego las producirá por sí misma. Igual ocurre con las afirmaciones. Cuando de manera consciente y deliberada realizamos afirmaciones como: la vida es una experiencia maravillosa, el mundo está lleno de buenas personas o tengo un enorme potencial que puedo desarrollar, se producen dos efectos. El primero es que esa pasa a ser nuestra realidad interna, que a la postre tendrá su reflejo en nuestra realidad externa. El segundo es que al realizar reiteradamente esta clase de afirmaciones positivas, este tipo de pensamiento se va instalando en nuestra mente y luego se generará de manera automática.

Las películas inspiradoras y que muestran lo mejor de la vida y de los seres humanos, así como la lectura de libros y biografías que también muestren esto, son otra excelente fuente para sembrar semillas de pensamiento positivo.

En definitiva, se trata de tomar el mando de lo que entra en nuestra mente y nutrirla con alimento de calidad, en lugar de ser un sujeto pasivo al albur de todo el material mental que el mundo produce, y que en el caso del generado por los medios de comunicación tiene un componente negativo ciertamente importante.

13

Cuando algo nos molesta mucho de los demás...

Te propongo hacer un experimento en la imaginación. Imagínate que estás en la calle en un día soleado junto a otra persona; el sol está a tu espalda, por lo que tu cuerpo hace sombra. En un momento dado te echas a un lado y levantas el brazo para crear en el pecho de la otra persona una sombra con la palma de tu mano. Si no tuvieras consciencia de que es la sombra de tu mano lo que estás viendo en el pecho de la otra persona, ¿no es cierto que pensarías que tiene una mancha en el pecho con forma de mano?

Bien, pues esto es lo que ocurre con nuestra propia psicología. Hay un mecanismo psicológico llamado "proyección" que consiste en atribuir a otras personas impulsos, intenciones, sentimientos o pensamientos propios que, por el motivo que sea, nos resultan inaceptables. Esto es, proyectamos en el otro la sombra de algo que nos es propio. Este es un mecanismo de defensa de nuestra psique por el que nos hacemos inconscientes de algo nuestro que nos resulta inaceptable y nos genera ansiedad, y lo ponemos fuera para preservar nuestro equilibrio interior. En este sentido este mecanismo tiene una función positiva. El problema suele venir por la vía del impacto que tiene en las relaciones. Esto es así porque al ser aspectos propios que rechazamos, al verlos en el otro van a causar una respuesta emocional de rechazo, con el impacto que esto tiene en la relación.

Cuando algo nos molesta mucho de los demás, es altamente probable que el mecanismo de la proyección esté activo. Al tener consciencia de su existencia, podremos manejarlo y evitar cargar de negatividad la relación con otras personas; negatividad que en este caso tiene su origen en nosotros, y no tanto en el otro como tendemos a pensar –aunque pueda tener algo de eso que le estamos proyectando, si no, no se hubiese producido la proyección en esa persona–.

Cuando veas en otras personas intenciones, sentimientos o pensamientos que te parecen rechazables y que de alguna manera generan en ti una reacción emocional fuerte de rechazo, pregúntate: ¿es esto realmente suyo o mío? Esta pregunta te permitirá reapropiarte de lo que es tuyo para poder resolverlo de una manera diferente a la de la

Cuando algo nos molesta mucho de los demás...

proyección, y con ello contribuir a la positividad y la armonía de todas tus relaciones.

14

Lo único que tenemos

Últimamente ando un poco preocupado con esto del paso del tiempo. Quizá sea que hace poco he traspasado esa barrera psicológica de los 50 años, o que veo cómo mis padres y otros familiares están como ellos dicen "en tiempo de descuento"; pero la verdad es que ahora reflexiono más a menudo sobre el tiempo y la importancia de no malgastarlo.

Creo que la vida es muy larga, pero al mismo tiempo se pasa rápido. Ésta es una sabiduría que sólo se adquiere con el paso de los años. Yo empiezo ahora a ser más consciente de esta verdad, pero mis mayores hace tiempo que lo son y su recomendación es unánime: no malgastes el tiempo porque la vida se pasa rápido.

Es verdad, si nos paramos a pensarlo, tiempo es lo único que tenemos, y la mayor de todas las responsabilidades es precisamente en qué empleamos nuestro tiempo de vida. Sin embargo, en muchas ocasiones no ejercemos esa responsabilidad y le entregamos nuestro tiempo a mil y una cosas que lo demandan, quedándonos sin él para esas otras cosas que son las verdaderamente importantes.

Se cuenta que un profesor quería enseñar una lección a sus alumnos y les mandó al campo a recoger unas cuantas piedras. Cuando llegaron con ellas, les pidió que las volcasen en un bidón hasta llenarlo; una vez lo hicieron, les preguntó: "¿Está el bidón lleno?". Y todos respondieron al unísono: "Sí, completamente lleno". Acto seguido les mandó de nuevo al campo a recoger unos cubos de arena, y cuando llegaron les pidió que volcasen la arena en el bidón hasta llenarlo; así lo hicieron y comprobaron cómo la arena se metía por los espacios que había entre las piedras. Después el profesor les preguntó: "¿Cómo está ahora el bidón?". Y todos respondieron: "Completamente lleno, ahora sí que no cabe nada más". En ese momento, les mandó a una fuente que había en el patio del colegio para que llenasen unos cubos de agua; cuando vinieron con ellos, les pidió que volcasen el agua en el bidón, y así lo hicieron hasta que toda la tierra se empapó y ya no entró más. Una vez hecho esto, el profesor les preguntó: "¿Qué lección podemos aprender de esto que acabamos de hacer?" Y uno de los alumnos dijo: "Que siempre hay espacio para algo más". Pero el maestro le contestó: "No, la verdadera lección es que si no colocamos las cosas en su orden, no podremos meter todo en el cubo; si lo llenamos de agua, no quedará ya espacio para la arena y para las piedras".

Siempre me ha gustado esta historia porque nos muestra una verdad fundamental cuando se trata del uso del tiempo: si no colocamos las cosas importantes primero y llenamos nuestro bidón, es decir, el tiempo de que disponemos cada día, de las cosas urgentes, al final, no quedará espacio para las primeras. ¿Y cuáles son las cosas importantes cuando de lo que se trata es de nuestra vida? Pues no tengo respuesta a esto; tengo mi respuesta sobre lo que es importante para mí, lo que deseo vivir y de lo que me apenaría al final de mi vida si no lo hubiese vivido. Y esta información la utilizo cada día para tomar decisiones en el uso de mi tiempo, pensando siempre que si no coloco las piedras grandes primero, luego ya no entrarán.

15

Cuando la vida nos da un golpe

Hay veces que la vida nos golpea con fuerza a través de experiencias y acontecimientos que nos causan un gran dolor y que nos llevan a pensar que la vida es dura y en muchas ocasiones injusta y hasta cruel. Y es verdad, la vida tiene su lado duro, y todos, de una u otra manera, bebemos de las aguas del dolor y del sufrimiento a lo largo de nuestra vida. Tal es así, que el que luego sería el Buda hizo esta afirmación: "La vida es sufrimiento".

El príncipe Siddharta Gautama, al que luego todos conoceríamos como el Buda, había tenido una niñez alejada de la dureza de la vida de la India de su época. Para evitar que viese el dolor y el sufrimiento, su padre le mantuvo recluido en palacio, donde la vida era fácil y alegre. Sin embargo, él sentía curiosidad por lo que había más allá de aquellos muros, y un día consiguió salir. Se quedó profundamente impresionado del sufrimiento y la miseria que vio a su alrededor; tanto que dedicaría el resto de su vida al sufrimiento y a qué hacer frente a él.

En una ocasión, escuché a alguien decir: "En la vida el dolor es inevitable, pero el sufrimiento es opcional". Luego reflexioné sobre ello y pude entender la gran verdad que encierra esta afirmación. Es verdad que es inevitable sentir dolor a lo largo de nuestra vida. Sin ir más lejos, la enfermedad propia y de seres queridos, o la muerte de estos, son experiencias por las que todos pasamos y que nos causan dolor. Sin embargo, el sufrimiento va más allá y tiene un alto componente psicológico, dependiendo de cómo vivimos e interpretamos nosotros las experiencias por las que vamos pasando a lo largo de nuestra vida.

Cuando la vida nos da un golpe como la pérdida de un ser querido, especialmente cuando aún no le tocaba, el dolor es absolutamente inevitable a no ser que seamos robots, seres de hojalata sin corazón y sin humanidad. Pero el sufrimiento es otra cosa, el sufrimiento es quedarnos "enganchados" del dolor no permitiendo que nuestro corazón haga la transición natural hacia la serenidad de la aceptación, que permite que la vida siga su curso y no quede bloqueada.

16

El deseo más poderoso de los seres humanos

La mayoría de las personas está de acuerdo en afirmar que son las relaciones que mantienen en su vida su principal fuente de felicidad. Parece que existe en nosotros una predisposición natural a relacionarnos con compañeros de vida, y cuando lo hacemos sentimos felicidad y satisfacción. Ya lo dijo el eminente psicoanalista Erich Fromm cuando afirmó: "El ansia de relación es el deseo más poderoso de los seres humanos, la fuerza fundamental que aglutina a la especie".

Las relaciones amorosas y afectivas son una de nuestras principales fuentes de felicidad –si no que se lo pregunten a los enamorados–. Es gracias a la pareja, la familia y los amigos que experimentamos las emociones positivas del amor y del afecto, componentes básicos de la felicidad. Pero además, nuestras relaciones suelen ser también una fuente de alegría, de disfrute y de diversión, otros de los componentes de la felicidad.

Cuando hablamos de ser y sentirnos felices podemos fijarnos en el plano material de nuestra vida, y tratar de obtener todo aquello que deseamos. Esto no es una mala estrategia, ya que tener lo que uno quiere, y la ilusión que se siente en el camino de su consecución, son fuentes de felicidad. Ahora bien, si lo que deseamos es una felicidad duradera y con mayúsculas, no podemos dejar de lado sus componentes más básicos, y uno de ellos son la familia y los amigos.

Los investigadores de la psicología positiva han encontrado que prácticamente todo el mundo se siente más feliz cuando está con otras personas porque para los seres humanos las relaciones gratificantes con "compañeros de vida" son una fuente indudable de alegría y felicidad, pero también porque son un antídoto muy eficaz contra los reveses y dificultades que podamos tener que enfrentar.

Los elementos básicos de la felicidad han permanecido inalterados desde tiempos inmemoriales. Si leemos hoy en día a Aristóteles, a Séneca o a Cervantes, podemos encontrar lecciones que son completamente válidas para nuestra época porque aunque la realidad material y tecnológica del ser humano ha cambiado enormemente, nuestra naturaleza humana no ha cambiado, y lo que era válido hace cientos, e incluso miles de años, sigue siéndolo en la actualidad.

17

Escuchar al corazón

¿Qué es el éxito? ¿Lograr lo que queremos? Pues sí, esta es una buena definición de éxito. Si deseo tener una familia y lo consigo, esto es un éxito. Si deseo llegar a un determinado puesto en mi trabajo y lo consigo, esto es un éxito. Si deseo tener un buen patrimonio que me de seguridad y lo consigo, esto también es un éxito. En este sentido, todos tenemos éxitos y fracasos en nuestra vida porque hay muchas cosas que deseamos y las conseguimos, y otras que no. Esta es la razón por la que nadie se puede sentir un fracaso o carente de éxito.

Lo que ocurre es que la sociedad y la cultura nos han "educado" para ver el éxito a través de determinados patrones que coinciden con los valores materialistas que se han venido instaurando en los últimos siglos de nuestra historia. Según estos valores, el éxito está muy asociado a los logros económicos, profesionales y sociales. Y esto no está mal; ¿qué tiene de malo tener dinero, posición y prestigio? El problema viene por otra vía, por la vía de la satisfacción vital y de la felicidad porque ¿hay verdadero éxito si estas dos no están presentes?

Para tener verdadero éxito en la vida es necesario escuchar al corazón: ¿Qué te gusta? ¿Qué te apasiona? ¿Qué te entusiasma? ¿Qué te llena de vida? Éstas son preguntas muy importantes que nos tenemos que hacer y que tenemos que ayudar a responder a nuestros hijos porque en su respuesta está la guía que necesitamos para dirigir nuestra vida por los caminos en los que encontremos esa felicidad que todos en última instancia deseamos, y también el verdadero éxito. ¿Merece la pena tener una nutrida cuenta corriente, un buen puesto profesional y esos caprichos que deseamos si al acostarnos cada noche no lo hacemos con satisfacción por el día vivido y con ilusión por lo que vamos a vivir el día siguiente?

Claro que el dinero, la posición, la seguridad y los caprichos están bien; no seré yo quien los demonice porque soy el primero que los desea, pero eso lo podemos perseguir por caminos vacíos de corazón, vacíos de nuestro ser, o llenos.

Nunca es tarde para escuchar al corazón y buscar su satisfacción. El corazón no es sólo nuestro órgano que bombea sangre, o nuestro plano emocional, es también el centro (en inglés dicen *core*) de nuestro ser, que se comunica con nosotros a través de mensajeros, como la pasión, la ilusión, los sueños, el entusiasmo, los anhelos. Esto es lo que es necesario que escuchemos y que atendamos para, como le ocurría al hombre de hojalata en la película *El mago de Oz*, recuperar el corazón y poder sentirnos vivos y felices, y así tener un verdadero éxito en nuestra vida.

18

¿Ver para creer o creer para ver?

Es increíble cómo determinados mensajes que oímos de pequeños se quedan grabados a fuego en nuestra mente, y uno de esos mensajes que todos hemos oído en muchas ocasiones es: "Ver para creer". Y es verdad, hay cosas que son tan inverosímiles que tenemos que verlas para poder creer que son verdad. Sin embargo, hemos escuchado muchísimo menos la expresión: "Creer para ver".

Las creencias que tenemos son un material mental de altísima potencia. En primer lugar, definen la realidad en que vivimos ya que constituyen la lente a través de la cual vemos e interpretamos la vida, a nosotros mismos y a los demás. Imagínate que te pones unas gafas de esas que modifican las formas y los colores de las cosas. Ahora imagínate que pierdes la conciencia de que llevas puestas unas gafas y crees sin cuestionamiento alguno que lo que ves es la realidad. Bueno, pues esto mismo es lo que ocurre con las creencias que tenemos.

La realidad en que cada uno vivimos es eminentemente subjetiva y depende de nuestra percepción, que a su vez está delimitada por nuestras creencias. Se dice que cuando las primeras carabelas de Cristóbal Colón llegaron a tierras americanas, los indígenas no pudieron verlas aunque las tenían frente a sus ojos, veían a los marineros salir del mar pero no a las carabelas. Esto era debido a que nunca habían visto unos artefactos como aquellos y su cerebro no procesaba esa información. Bueno, yo no sé si esta historia será cierta o no, pero lo que sí es cierto es que no todo lo que está frente a nuestros ojos lo vemos, y esta es la razón por la que los magos hacen cosas que parecen imposibles. Lo que pasa es que un mago lo que realmente es es un ilusionista, es decir, un experto en manejar nuestra percepción y hacer que no veamos lo que es evidente.

La expresión creer para ver es una afirmación absolutamente real porque la creencia va a dar forma a nuestra percepción y a crear nuestra realidad subjetiva. Si creemos que la vida es un lugar lleno de dificultades, sinsabores y gente que va a lo suyo, esa es la realidad en que vamos a vivir, en este caso, la realidad subjetiva interior. Pero también ocurre que nuestras creencias contribuyen a crear esa misma realidad objetiva exterior. ¿Por qué? Pues porque las creencias son como un imán y atraeremos a nuestra vida esa realidad que es coherente con la creencia. Este es un principio fundamental a conocer: la vida tiende a buscar la coherencia entre nuestro mundo interior y nuestro mundo exterior. Esto puede sonar un poco metafísico, y ciertamente lo es, pero también es psicológico: de manera inconsciente realizaremos acciones que generen en nuestra vida la realidad que sea coherente con nuestra realidad interior, o sea, con nuestras creencias.

Por esta razón, cuando quieras ver materializado algo en tu vida o cuando te enfrentes a problemas y dificultades, antes de lanzarte al mundo exterior a lograr tus objetivos o a resolver tus problemas, comienza por revisar las creencias que tienes al respecto por si van en contra de ello, porque si es así, sabotearán todos tus esfuerzos.

19

Todo lo bueno que tienes en tu vida

Algunas veces parecería que esto de la felicidad es misión imposible, especialmente cuando nos tenemos que enfrentar a retos, problemas y situaciones difíciles. ¡Y quién no tiene de esto en su vida!

En ocasiones, cuando me encuentro hablando con un grupo de personas sobre este tema de la felicidad, enseguida salen a relucir los problemas y los obstáculos para conseguirla, y que hacen que algunas personas la vean como una utopía. Bueno, yo no sé si es utopía o no, probablemente sí si pensamos en la felicidad como un estado de permanente "éxtasis" existencial libre de todo tipo de problemas y situaciones indeseables. Incluso el propio Buda dijo que el sufrimiento en la vida es inevitable y que de lo que se trata es de trascenderlo y situarnos en un nivel de consciencia superior. De cualquier manera, no es mi intención ponerme a filosofar, sino hablar de un hábito que realmente nos ayuda en ese deseo tan intrínseco que tenemos los seres humanos de sentirnos felices. ¿Y cuál es este hábito? Pues el de apreciar conscientemente lo que se tiene.

El aprecio es una de las cualidades de nuestro pensamiento más exquisitas porque nos permite disfrutar de lo que hay en nuestra vida y valorarlo. Esto se aplica a todo: familia, pareja, trabajo, amigos, aficiones, comodidades, educación recibida, nuestro quehacer diario, las personas con quienes nos relacionamos y las contribuciones positivas que aportan a nuestra vida.

Un hecho muy común es el de apreciar lo que tenemos cuando lo perdemos; mientras contamos con ello y lo damos por supuesto no lo vivimos desde el aprecio y el agradecimiento. Esto es así porque nos habituamos a ello y pasa al fondo de nuestra mente; el frente lo ocupan los asuntos y preocupaciones del día a día, y los deseos y planes de futuro.

Es indudable que todos apreciamos muchas cosas de las que tenemos en nuestra vida, sin embargo la clave está en hacerlo conscientemente para tener muy presente en nuestra mente cada día todo lo que tenemos. Un simple momento cuando estamos en la ducha por la mañana en el que miramos nuestra vida y nos sentimos agradecidos por todo lo bueno que contiene tiene el poder de cambiar el color de nuestro día y de instalar en nuestro corazón una sensación de fondo de felicidad.

Párate medio minuto a pensarlo, ¿qué es todo lo bueno que tienes en tu vida?

20

Los mejores momentos de nuestra vida

¿Cuáles han sido los mejores momentos de tu vida? Párate por un momento y permítete viajar en el tiempo en busca de grandes momentos que hayas vivido. Cierra los ojos si te es más fácil así y trae de tu memoria alguno de esos momentos, desde tu niñez hasta el día de hoy. Permítete sentir de nuevo lo que sentiste entonces.

Me atrevería a decir que muchos de esos momentos han ocurrido en contacto y relación con otras personas. Quizá cuando eras niño y estabas aprendiendo a montar en bicicleta; tu padre te acababa de quitar las dos rueditas pequeñas y estaba junto a ti agarrando el sillín para que no te cayeras, y de repente te suelta y te das cuenta de que te estás manteniendo tú solo, pero él está ahí, a tu lado, dándote seguridad, y te sientes feliz con tu logro y con él. O quizá ese día en que te fuiste por primera vez de excursión con los compañeros del colegio y lo pasaste en grande. O cuando te enamoraste. O esa fiesta inolvidable en la que lo pasaste como nunca con tus amigos o tu familia.

La realidad es que los mejores momentos de nuestra vida suelen ser momentos compartidos con otras personas. Los seres humanos vivimos en relación, y las relaciones son para nosotros una fuente de felicidad y de plenitud de vida. Esto es algo que los investigadores de la psicología positiva han mostrado con datos, pero ¿quién necesita datos para comprender esta verdad de la vida humana? No hay más que tirar de la propia experiencia para extraer esta sabiduría: los seres humanos estamos alentados por la relación con otras personas, y es en relación como solemos vivir nuestros momentos más felices y gratificantes.

Mantener relaciones positivas con las personas con las que trabajamos y nos relacionamos a diario es muy importante porque éstas contribuyen a nuestra felicidad, nos ayudan a disfrutar más de nuestro trabajo y de lo que hacemos, y nos granjean la cooperación de los demás para avanzar en la consecución de los objetivos que estemos persiguiendo.

¿Cómo podemos hacer esto?

Como en todo, hay una serie de claves o principios cuya utilización nos proporciona el resultado buscado. En el caso de las relaciones positivas, uno de estos principios es el interés sincero en la otra persona. Uno de los aspectos que caracterizan a las relaciones de amistad es que nos interesamos en la vida de nuestros amigos, lo que les ocurre, lo que les preocupa, compartimos sus alegrías y buscamos echar una mano en sus dificultades. Con cualquier otra relación, ya sea en el trabajo, en el lugar en que vivimos o con el cajero del supermercado, podemos aplicar esto mismo para imbuir esa relación de una cualidad amistosa y afectiva. Esto es algo que lo único que requiere por nuestra parte es una actitud de contacto humano con las personas con las que nos relacionamos e interactuamos a diario, y luego interesarnos por sus cosas, por su vida y querer saber un poco más de ellas –lógicamente hasta el límite que sea razonable en cada caso–. Cuando hacemos esto le estamos enviando al otro un mensaje que dice: "Eres valioso y me importas, y esto estrecha y dota de un sentimiento positivo la relación".

En una ocasión me contaron que Ramón Areces, fundador de los grandes almacenes El Corte Inglés, se sabía el nombre de todos sus empleados y el de sus familiares, hasta que la plantilla superó las mil personas, y que cuando iba por la tienda se preocupaba de conocer personalmente a todos y saber un poquito de su vida. Cuando escuché esto pensé:

cuántas veces muchos de nosotros no nos sabemos ni el nombre de ese camarero que nos pone todos los días el café, y él se sabía los nombres de quizá unas tres mil personas. ¿Habrá tenido esto algo que ver con el éxito que cosechó su empresa?

21

La mirada que nos ayuda

A casi todos los acontecimientos y circunstancias que vivimos en nuestra vida podemos encontrarle algo positivo. Incluso a los problemas y las crisis les podemos encontrar un lado positivo. Esto se refleja muy bien en el idioma chino en el que la palabra crisis está compuesta por dos ideogramas: el de peligro y el de oportunidad.

El hábito de mirar las diferentes situaciones y a las personas de nuestra vida diaria en positivo, de hacer el esfuerzo consciente de encontrar los aspectos positivos, las ventajas, las oportunidades, las posibilidades, nos ayuda muchísimo a sentirnos felices, pero también a enfrentar y resolver eficazmente los problemas, y a lograr aquello que nos hayamos propuesto. Esta mirada es capaz de transformar la realidad y de mostrarnos caminos que de otra manera nunca hubiésemos podido ver.

Para ello, una poderosa herramienta son las preguntas, porque nos ayudan a enfocar la atención y a abrirnos a nuevas posibilidades: ¿Qué tiene de positivo esta situación? ¿Qué oportunidad puede haber en ella? ¿Qué beneficio puede suponer? Sí, ya sé, esto parece algo bastante básico y sencillo de hacer. Ciertamente sencillo es, otra cosa diferente es si lo hacemos o no porque ello depende del hábito que hayamos desarrollado desde nuestra niñez, y éste, a su vez, depende del entorno en el que crecimos y nos desarrollamos.

El rechazo de un cliente a una propuesta comercial puede ser la oportunidad de entender más en profundidad la realidad y las necesidades de ese cliente para ajustar nuestra oferta a ellas. Un conflicto con un compañero de trabajo puede brindar la oportunidad de incrementar nuestras habilidades para las relaciones humanas o para el manejo de conflictos. Un error cometido lo podemos ver como un aprendizaje realizado, y un fracaso, como la oportunidad de empezar de nuevo más inteligentemente. Como ves, la clave está en mirar las circunstancias con ojos que buscan lo positivo que hay en ellas. Y prácticamente siempre lo hay si lo buscamos.

22

Saborear los placeres

El placer es uno de los ingredientes de la felicidad –y una manera de aumentar nuestra sensación general de felicidad y dicha en nuestra vida es introducir en ésta tantos acontecimientos placenteros como podamos–.

El placer tiene un claro componente sensorial, procede de los sentidos –el gusto, el tacto, el olfato, la vista y el oído–. Gracias a ellos podemos experimentar distintos tipos de placer que van desde el más básico como un baño caliente o una caricia, hasta el placer de saborear los diferentes matices de una comida o un vino, una pieza musical o una obra de arte. Estos últimos tienen una mayor complejidad, requieren de más recursos cognitivos y son mucho más numerosos y variados que los placeres corporales básicos.

El placer es uno de los medios que tenemos de disfrutar, y el mundo actual nos proporciona innumerables posibilidades para ello. No hay más que fijarse en la diversidad de comidas a nuestra disposición, de música, de arte, de aromas, de experiencias sensoriales. Sólo hay una condición: tener el deseo de disfrutar y prestar atención. En cuanto a lo primero, las personas más hedonistas no tienen ningún problema; sin embargo, las que por naturaleza lo son menos se pueden ver tan absorbidas por sus tareas diarias que se olvidan de disfrutar de los placeres de la vida. Respecto a lo segundo, te cuento un cuento Zen que me gusta mucho.

"Después de tres años de estudio, el novicio llega a la morada de su maestro. Entra en la sala rebosante de ideas sobre temas complejos de la metafísica budista y bien preparado para las preguntas profundas que le esperan en este examen para convertirse en monje.

–Sólo te haré una pregunta –declara el maestro.
Estoy preparado, maestro –le responde el novicio.
En el umbral de la puerta por la que has entrado, ¿las flores estaban a la derecha o a la izquierda?

El novicio no sabe qué contestar y, avergonzado, se retira, para seguir estudiando tres años más".

Saborear los placeres

Este novicio había aprendido todos los complejos conceptos de la filosofía y la metafísica budista pero no había interiorizado el principio básico sobre el que se asienta: la práctica de la atención.

La atención es lo que nos permite experimentar la vida y saborearla. Sin embargo, como el monje novicio, muchos de nosotros estamos tan absorbidos por los conceptos de nuestra mente y nuestros pensamientos que perdemos contacto con la vida, con lo que no sólo perdemos vida, sino también oportunidades de disfrute y deleite. Ten en cuenta que los placeres se vuelven más intensos cuando los saboreamos. El saboreo no es más que la conciencia de la experiencia del placer que produce una atención consciente y deliberada.

Así que aquí tenemos otra clave para la felicidad: disfrutar de los placeres de la vida a través del saboreo.

23

Las palabras crean realidad

Las palabras y el lenguaje constituyen el componente básico que utilizamos para pensar y dan forma a nuestra realidad subjetiva. No es lo mismo calificar una situación de problema que de reto. Estas dos palabras crean realidades subjetivas distintas y suponen diferentes maneras de enfocarla que tendrá su reflejo en cómo viviremos la situación y en la actitud que adoptemos.

No es lo mismo decirse internamente "Este cliente es muy exigente" que "Este cliente es imposible de satisfacer". En este segundo caso, la palabra imposible está creando una realidad subjetiva en nosotros que nos dificultará, cuando no impedirá, hacer el esfuerzo y aplicar la inteligencia necesarios para cerrar una venta. Igualmente, no es lo mismo decirse internamente: "En esta empresa no tengo posibilidad de hacer carrera" que decirse: "Hacer carrera en esta empresa es todo un reto que puedo superar si me lo propongo". De nuevo, la diferencia entre "no tengo posibilidad" y "esto es un reto" crea dos realidades interiores distintas que nos conducen a adoptar actitudes y comportamientos distintos. En el primer caso, yo mismo me estoy cerrando las puertas con mi manera de ver la situación.

Sin embargo, es habitual que no le prestemos demasiada atención al tipo de palabras y expresiones que utilizamos cuando pensamos, cuando hablamos y cuando mantenemos una conversación con nosotros mismos. Un buen ejercicio a practicar con regularidad es poner la atención en tu conversación –bien interior o exterior–, observarte cuando estés pensando o hablando, y preguntarte: ¿qué realidad crea este lenguaje que estoy utilizando? Este ejercicio tiene mucha potencia porque nos permite modificar lenguaje y expresiones que no nos ayuden, y por lo tanto, modificar nuestra realidad subjetiva interna y, como consecuencia, nuestra realidad externa, porque la realidad exterior siempre es un reflejo de la interior.

24

El lado divertido de la vida

Una de las mejores cosas que podemos hacer para sentirnos felices en nuestra vida y también para tener buena salud es reírnos. La risa llena de alegría el espíritu humano y la vida de felicidad. Aún así, no son muchas las personas que ríen a diario. Las obligaciones y responsabilidades, así como los problemas y diferentes retos que la vida diaria nos presenta hacen que la risa quede relegada a algunos momentos concretos como cuando vemos una película divertida o cuando estamos con una de esas personas que yo considero imprescindibles en la sociedad y que se caracterizan por su "sentido del humor".

El sentido del humor es una de las cualidades del espíritu humano que hacen la vida más agradable, tanto para el que lo tiene como para los que le rodean. La capacidad de encontrar el lado divertido de las situaciones es una gran fortaleza psicológica que nos ayuda a ser felices y a estar sanos, y como todas las fortalezas psicológicas, es algo que podemos desarrollar. En este sentido es importante disociar el sentido del humor del carácter. Habitualmente asociamos el primero con personas cuyo carácter es de natural alegre, jocoso y liviano, pero el sentido del humor tiene más que ver con cómo miramos la vida que con el carácter que tenemos. No hay más que ver que a veces las personas más serias nos sorprenden con su gran sentido del humor. El gran humorista español ya fallecido Eugenio es un ejemplo de esto último. Desde una aparente seriedad nos hacía reír a todos a carcajadas con su forma de mirar las situaciones y de ver el chiste en cada una de ellas.

Además de ser más felices, las investigaciones han demostrado que el sentido del humor nos puede ayudar a sobrellevar mejor el dolor, mejorar nuestro sistema inmunológico, reducir el estrés, tener una actitud más positiva y aumentar la autoestima.

Todos podemos desarrollar y potenciar nuestro sentido del humor. Hay cinco cosas que ayudan mucho:

1. Sonríe a menudo.
2. Lee libros y ve películas de humor. No sólo te harán reír, sino que también te ayudarán a desarrollar una mirada "divertida".

3. Crea un ambiente de humor a tu alrededor.
4. Cuando te ocurra algo molesto o frustrante, intenta verlo con humor.
5. Pasa tiempo con personas divertidas y con gran sentido del humor.

Para terminar, te cuento un chiste.

Tras una semana de duro trabajo, Carlos y Adriana, deciden irse de camping durante el fin de semana. Después de cenar, se fueron a dormir a su tienda de campaña. Horas más tarde, Adriana se despertó y codeó a su amigo, diciéndole:

–Carlos, mira el cielo y dime que ves...
– Veo millones y millones de estrellas...
– ¿Y eso que te dice?, –replicó Adriana.
– Astronómicamente, que hay millones de galaxias y potencialmente billones de planetas. Astrológicamente, que Saturno está en Leo...; cronológicamente, que son aproximadamente las 3 de la madrugada; teológicamente, que Dios es Todopoderoso y nosotros somos pequeños e insignificantes; meteorológicamente, que mañana tendremos un hermoso día.
– Y a ti, Adriana, ¿que te dice?
– Carlos, ¡¡tu siempre con tus payasadas!! ¿No te das cuenta de que nos han robado la tienda de campaña?

25

La audacia tiene genio, poder y magia

El siguiente poema de Goethe se ha convertido en uno de mis poemas de cabecera y me anima cada día a ser audaz y perseguir mis sueños.

"Hasta que nos comprometemos
hay vacilación,
la posibilidad de retroceder,
inefectividad.

En lo concerniente a todos los actos
de iniciativa (y creación)
hay una verdad elemental
cuya ignorancia mata incontables ideas
y espléndidos planes: Que en el momento

*en que nos comprometemos definitivamente,
la Providencia da el paso también.*

*Todo tipo de cosas ocurren para ayudarnos
que de otra manera nunca hubieran ocurrido.
Una corriente de eventos surgidos de la decisión
genera a nuestro favor
toda clase de incidentes y encuentros imprevistos
y asistencia material
que ningún hombre podría haber soñado jamás
que vendría en su ayuda.*

*Aquello que puedes hacer
o sueñas que puedes hacer,
comiénzalo.
La audacia tiene genio, poder y magia.*

Johann Wolfgang Von Goethe."

Si tienes un sueño, ponte en marcha para hacerlo realidad aunque te parezca difícil lograrlo. Los sueños nos llenan de ilusión, que es uno de los ingredientes de la felicidad.

26

¿Tienes aficiones?

Nuestro tiempo de ocio es una fuente fundamental de alegría y felicidad, y hay diferentes maneras en las que podemos disfrutar de él: disfrutar de la familia, jugar con los hijos, relajarnos y descansar, socializar o dedicarnos a actividades y aficiones que nos gusten. Un equilibrio de todas ellas es ideal, sin embargo, aquí me voy a centrar en las aficiones por la gran capacidad que tienen de generar disfrute.

Habitualmente tenemos asociado el disfrute al placer, pero, a diferencia del placer, que procede de los sentidos, el disfrute procede de la realización de actividades que nos gustan y en las que entramos en lo que los psicólogos llaman un estado de fluidez, que se caracteriza por la completa absorción en lo que estemos haciendo. Jugar al tenis, tocar un instrumento, escalar una montaña, hacer bricolaje, escribir un libro, armar una maqueta, cocinar, estudiar algo de nuestro interés… todos ellos son ejemplos de actividades que requieren de concentración y habilidad, y que constituyen un reto. Estos tres ingredientes son los que producen el estado de fluidez y la sensación de disfrute.

Tener aficiones es una manera de incrementar el nivel de dicha en nuestra vida gracias al disfrute que generan. Las posibles opciones a nuestra disposición son innumerables, la única condición es que sea algo que nos gusta y que nos haga emplear nuestras habilidades. Muchas de estas actividades, además, implican el contacto social, que es otra gran fuente de felicidad.

El disfrute, además del impacto que tiene en nuestra felicidad de vida, que ya es un valor en sí mismo, es generador de bienestar psicológico, pues el estado de fluidez genera equilibrio en nuestra psique y descarga de estrés.

Es por todo ello que tener una afición, o aficiones, es un excelente medio de experimentar felicidad en nuestra vida y de tener una buena salud psicológica.

¿Cuál es tu afición?… y si no tienes ninguna, ¿cuál te gustaría tener?

27

El tren de la ilusión

En muchas ocasiones he escuchado esa frase de que el mundo es un tren que va muy rápido y que si no te subes en él te quedas atrás y totalmente fuera; y la verdad, he de decir que estoy de acuerdo. Más allá de que nos resulte más o menos cómodo eso de cambiar, el cambio es una realidad de nuestros días que nos obliga a estar casi en permanente estado de transformación para adaptarnos a las nuevas realidades que van surgiendo en el mundo en que vivimos. Hace apenas unos años los teléfonos inteligentes eran casi una rareza, y sólo una pequeña minoría llevaba uno de los primeros iPhone de Apple en el bolsillo. Sin embargo, hoy en día la rareza es no llevarlo. El cambio se ha convertido en nuestro compañero de vida. Aunque si lo miramos bien, el cambio siempre ha sido algo consustancial a la vida; de hecho, vida es sinónimo de un proceso dinámico, y lo estático es sinónimo de muerte.

Pero hoy quiero cambiar de nombre a este tren, y en lugar de llamarlo el *tren de la realidad*, al que te tienes que subir obligadamente porque si no "sufrirás" las consecuencias, llamarlo el *tren de la ilusión*, la ilusión por el futuro, por las nuevas realidades, por nuestra contribución a construir un mundo mejor para nuestro propio futuro y para el de nuestros hijos, y el de los hijos de nuestros hijos y así sucesivamente. Ahora se habla mucho de que en estos momentos una época está terminando y otra se está abriendo. Estoy de acuerdo, parece que hay un proceso de disolución de las viejas realidades, ya sean tecnológicas, económicas, sociales, culturales o personales, para dar paso a otras nuevas. Esto podemos vivirlo con angustia y ansiedad, pero también con ilusión por lo nuevo a crear y por los nuevos escenarios de vida por los que podemos transitar.

La ilusión es una emoción positiva que nos llena de vida y nos hace sentirnos felices. Mira tu propia experiencia. ¿Cómo te has sentido cuando has tenido ilusión por algo? Lo que ocurre es que a medida que vamos cumpliendo años parece que el músculo de la ilusión, que tan fuerte estaba cuando éramos niños, se va debilitando y perdiendo tono. Hay estudios que muestran que perdemos entorno a cuarto de kilo de masa muscular cada año si no hacemos algún tipo de ejercicio físico de fortalecimiento. Esta es la causa de la fragilidad que muchas personas tienen a edades avanzadas.

Bueno, pues con la ilusión, a la que yo calificaría como músculo espiritual, pasa lo mismo: si no la ejercitamos, va perdiendo tono y a medida que vamos cumpliendo años se va debilitando, y con ello nuestra capacidad para experimentar felicidad y plenitud.

El cambio de las realidades que estamos experimentando en estos momentos, como ya hemos visto, lo podemos vivir desde la angustia y la ansiedad o desde la ilusión por lo nuevo y por convertirnos en un agente activo de creación de las nuevas realidades que surjan de este proceso de destrucción. Esto requiere de mirar al futuro con optimismo, pero un optimismo realista y proactivo, un optimismo basado en mirar la realidad tal cual es, quedarnos con los aspectos positivos, y tomar iniciativas para materializar el futuro que nos hace "vibrar".

28

No soy feliz, ¿qué hago?

A diferencia de los animales, los seres humanos tenemos autoconsciencia: somos conscientes de nosotros mismos, de nuestros sentimientos, de nuestros pensamientos, de nuestras satisfacciones y de nuestras insatisfacciones. La evolución nos ha dotado de esta capacidad que, proporcionándonos un gran poder sobre nosotros mismos y nuestra vida, también implica la posibilidad del sufrimiento al tener plena consciencia de las necesidades no satisfechas... Y una de esas necesidades es la de sentirnos felices. Quizá es por eso que hoy en día muchas personas acuden a la gran biblioteca del conocimiento que es internet en busca de una respuesta a la pregunta: "No soy feliz ¿qué hago?".

La respuesta inmediata que yo le daría a quien me hace esa pregunta es: no hagas nada. Sé que puede sorprender hacer esta recomendación, pero déjame que me explique.

Vivimos en el mundo de lo rápido, de la satisfacción inmediata, de la acción, y esto nos lleva a pensar que cualquier insatisfacción hay que resolverla pasando a la acción. Y en cierta medida es verdad, la acción y la actitud proactiva son las mejores garantías de que se produzcan los resultados que deseamos en nuestra vida. Sin embargo, en esa pasión por la acción que tiene nuestra civilización, solemos perder de vista la parte más pasiva y de escucha, que es muy necesaria. Al igual que en las culturas orientales el yin complementa al yan y ambos se unen en una danza en la que no se sabe cuándo termina el uno y empieza el otro, cuando de lo que se trata es de nuestra vida y de encontrar la felicidad anhelada, es necesario el equilibrio entre escucha y acción.

Pero ¿escuchar qué? Pues escucharnos a nosotros mismos. Pararnos, dejar de hacer y simplemente permitirnos encontrarnos con nuestro ser para poder conocerlo en su profundidad, conocer sus sentimientos, sus anhelos y sus sueños, y con esa información poder luego pasar a la acción. Sin embargo, si de algo adolece nuestra civilización es de escucha.

¡Cuántos problemas de nuestro mundo y nuestra sociedad se resolverían si simplemente escuchásemos más!

Y si es importante escuchar lo que ocurre fuera de nosotros para comprenderlo lo mejor posible y actuar en consecuencia, más aún lo es escucharnos a nosotros mismos para conocernos y encaminar nuestra vida por aquellos caminos que nos darán la deseada felicidad.

Si te estás haciendo esta pregunta: "No soy feliz ¿qué hago?", la mejor respuesta que te puedo dar es: escúchate, porque cuando escuchamos con los ojos y los oídos bien abiertos, las respuestas aparecen. No hay mejor manera de construir un edificio sólido que sentar unos buenos cimientos; y en el caso de nuestra felicidad, esos cimientos son una relación de intimidad y escucha con nosotros mismos. Desde ahí, lo demás es más fácil.

29

Tres cosas hay en la vida

La expresión "Tres cosas hay en la vida: salud, dinero y amor" la conocemos muchos de nosotros por ser el estribillo de un vals argentino que se hizo muy popular también en España. Siempre me ha maravillado cómo la sabiduría, a diferencia del conocimiento científico, se transite a través de los vehículos de la cultura, las canciones entre ellos.

Quizá es mucho afirmar que la salud, el dinero y el amor son las tres únicas cosas que hay en la vida, pero que son importantes nadie lo puede negar, y que todos las deseamos, tampoco. ¿Quién no quiere tener salud? ¿Quién no quiere tener dinero? ¿Quién no quiere sentirse amado?

Sin embargo, siempre me ha llamado la atención el orden en el que aparecen en este estribillo y que pareciera indicar un orden de importancia. Lo primero es la salud, luego viene la seguridad económica y después, y ya para poner la guinda al pastel, el amor. Pero ¿es éste el verdadero orden?

Hace unos años, el Dalai Lama dio una conferencia en la Universidad de Columbia a la que asistieron cientos de estudiantes y profesores. El tema era la educación. En un momento dado, les dijo lo siguiente: "Los verdaderos maestros en la vida no son los profesores, los catedráticos, los gurús o los lamas, son las madres porque son éstas las que primero transmiten al feto el mensaje: eres querido. Luego esa sensación permanece con nosotros y es la que nos permite salir al mundo y enfrentar todos sus retos con éxito".

Los seres humanos necesitamos sentirnos queridos, y es el amor no sólo una fuente de satisfacción del corazón, sino también de salud y de éxito. La seguridad en uno mismo, elemento clave para tener éxito y dinero, tiene su raíz en sentirse querido, pero también la tiene nuestra salud. La medicina mente-cuerpo ha demostrado con evidencia científica cómo el amor y las emociones positivas hacen que nuestro cuerpo funcione óptimamente y se mantenga saludable.

Por ello, yo creo que la canción debería decir: Tres cosas hay en la vida, amor, salud y dinero. No rima igual, pero es mucho más preciso en el orden de importancia. ¿Y de dónde viene el amor? Pues de las relaciones: relaciones de pareja, de familia y de amistad. Hay veces que nos centramos tanto en nuestros problemas de salud y en el dinero y el éxito que no le prestamos la debida atención al amor, sin ser conscientes de que éste es la base sobre la que se sostiene nuestra vida.

¿Quieres tener salud? Busca sentirte querido y apreciado.

¿Quieres tener dinero? Busca sentirte querido y apreciado.

¿Quieres tener amor? Quiere y aprecia a las personas que hay en tu vida.

30

Navegando por aguas turbulentas

Dicen que estamos en un cambio de época y que las viejas estructuras se están disolviendo para dar paso a otras nuevas que las sustituyan. Incluso las profecías mayas hablaban de este punto de la historia como el fin de un mundo y el comienzo de otro. Como en todo, hay puntos de vista y opiniones para todos los gustos. Sin embargo, más allá de las interpretaciones está la evidencia de los hechos, y ésta indica que la época que estamos viviendo está llena de cambios: cambios sociales, económicos y personales. Estas son las aguas en las que nos toca navegar en estos momentos, y son aguas no tranquilas, sino más bien turbulentas.

Las realidades personales de mucha gente están cambiando, trabajos que se pierden, parejas que se disuelven, amistades que se quedan atrás, carreras que hay que abandonar para emprender otras nuevas... Yo no sé si esto obedece a algún ordenamiento cósmico como postulaban los mayas, pero sí sé que en estos momentos hay una dinámica subyacente de cambio que está provocando transformación en las vidas de muchos de nosotros y del propio planeta en su conjunto.

Navegar por aguas turbulentas y realidades que se disuelven no está exento de miedo, inseguridad, ansiedad y angustia. Los seres humanos tenemos una necesidad de seguridad, y la incertidumbre tiende a causarnos reacciones emocionales de este tipo, que nos dificultan experimentar felicidad en nuestra vida.

¿Qué podemos hacer para navegar estas aguas? Pues en primer lugar encontrar la seguridad en nuestro propio interior, en el centro de nuestro ser; cuando estamos conectados con ese centro somos como el faro que ve las tempestades y estando en medio de éstas se siente seguro porque se sabe sólido y confía en sí mismo. Una vez que nos sentimos ahí, ya podemos navegar las aguas turbulentas incluso disfrutando de ellas porque desde nuestra seguridad interior podremos disfrutar del estímulo que el cambio y el movimiento supone.

...Y ¿cómo conectar con el centro de nuestro ser? No es complicado. Simplemente dedica cada día diez minutos a estar contigo. Siéntate, cierra los ojos, respira y pon la atención en tu cuerpo y en la sensación de la respiración. Con cada inhalación y exhalación sentirás cómo conectas más y más. Quédate ahí unos minutos. Poco a poco esa sensación de "conexión" se irá instalando en ti y la experimentarás a lo largo de tu día a día.

31

Ser feliz en el trabajo

Hace ya bastantes años que en España el trabajo ha pasado al primer plano de las noticias, tristemente por un aspecto negativo que no es otro que la falta de éste para muchas personas. Esta situación ha hecho que a nivel nacional nuestro grado de felicidad haya disminuido debido a que la falta de trabajo, y más si va acompañada de dificultades económicas, es una fuente de infelicidad. Pero en este artículo no quiero hablar de la infelicidad de la falta de trabajo, sino de la felicidad en el trabajo.

La búsqueda de la felicidad es algo que todos los seres humanos traemos "instalado de fábrica", todos queremos ser felices y ese deseo se puede encontrar detrás de casi todos los actos de nuestra vida. Y esto también incluye el trabajo.

En nuestra cultura judeo-cristiana, el trabajo siempre ha estado teñido de un cierto halo de "castigo" o "mal necesario". Antes de la caída del Edén todo era disfrute, después, Adán y Eva se vieron obligados a ganarse el pan con el sudor de su frente. Aunque ésta sea una figura metafórica de la Biblia, su mensaje está instalado en nuestro inconsciente colectivo, y es a través de este mito que el trabajo se ha entendido desde tiempos inmemoriales como mal necesario. Y la verdad, no le falta razón, porque si miramos atrás en la historia, vemos cómo el trabajo duro para ganarse la vida ha sido parte de la existencia de nuestros antepasados. Hoy en día, en nuestro mundo moderno, todavía existen trabajos duros y alienantes, pero el desarrollo económico y tecnológico ha ido cambiando esto, especialmente en los países desarrollados en los que un alto porcentaje de las personas que trabajan ya no lo hacen en duros trabajos físicos y con pocas posibilidades de realización o satisfacción personal.

En este nuevo escenario de trabajo, la búsqueda de la felicidad se ha colado en el ámbito laboral. Ya no nos vale sólo con el salario y unas condiciones laborales más o menos buenas, también queremos ser felices en nuestro trabajo. Estos nuevos valores se aprecian claramente en estudios como el que ha realizado Adeco que muestra que seis de cada diez españoles, es decir, el 64 % del total, estarían dispuestos a sacrificar salario en beneficio de felicidad laboral.

La cifra es tan contundente que tiene que hacer reflexionar a las empresas sobre la importancia de tomar iniciativas que contribuyan a la felicidad de sus empleados. Pero también nos tiene que hacer reflexionar a cada uno de nosotros sobre lo que podemos hacer para conseguir la tan ansiada felicidad en nuestra vida y en nuestro trabajo.

Hay quienes dicen que la felicidad es una quimera y un imposible, que la vida es como es y no es un lugar en el que uno pueda conseguir un estado de felicidad, más allá de algunos momentos felices. Mi respuesta a esta afirmación es que sí, la vida es como es y tiene sus problemas, dificultades, reveses, desilusiones y demás; que un estado de permanente "éxtasis" existencial es una quimera; pero es que la felicidad no es eso. La felicidad se produce nadando en las aguas de la vida, que unas veces serán más cálidas, agradables y tranquilas y otras más frías y turbulentas. La felicidad tiene que ver con nuestro estado de satisfacción general con nuestra vida, pero sobre todo con la cantidad de emociones positivas que haya pululando por nuestra alma: amor, ilusión, entusiasmo, alegría, regocijo, disfrute, placer... Cuando estas emociones transitan por nuestro interior, nos sentimos bien y experimentamos ese estado más genérico que llamamos felicidad.

¿Y qué pasa con las dificultades y los problemas? Pues que son inevitables y han de ser afrontados, pero si hay personas que ante estos no pierden la alegría, la ilusión y el disfrute de la vida, todos podemos hacer igual. Eso nos indica que la felicidad es más una cuestión de actitud y de decisión que de circunstancias.

Volviendo al tema de la felicidad en el trabajo. Sí, claro que las empresas y organizaciones pueden hacer mucho para que sus empleados experimenten felicidad en su trabajo, pero no nos olvidemos de lo que podemos hacer nosotros con nuestra forma de abordar nuestro trabajo diario.

¿Y qué es esto que podemos hacer?

Pues mi receta es la siguiente:

1. Cuidar nuestro estado de vitalidad para que la fatiga que las altas demandas de la vida actual genera no se apodere de nosotros.
2. Mirar la vida y nuestro trabajo diario desde una lente positiva que nos haga ver lo mejor de ello.
3. Tener una vida equilibrada en la que haya espacio para el trabajo y para otras cosas que nos proporcionen felicidad.

4. Mantener relaciones positivas y humanas con aquellas personas con las que trabajamos a diario.
5. Desplegar nuestro potencial creativo, aún en las pequeñas cosas del día a día.
6. Buscar en nuestro trabajo la diversión, el sentido más elevado que tiene, los retos, el aprendizaje y la ilusión.

Estas seis cosas dependen más de nosotros que de las circunstancias y tan sólo una de ellas puede transformar por completo nuestra experiencia laboral.

32

La sabiduría de los pueblos indígenas

Hace unos años tuve la oportunidad de conocer en Hawai a una mujer excepcional. Se presentaba bajo el nombre de White Eagle (Águila Blanca) y estaba recorriendo el mundo con un enorme tambor y la misión de transmitir un mensaje de paz y armonía.

Ella estaba impartiendo un taller sobre la sabiduría ancestral de su tribu en el hotel en el que yo me encontraba participando en una convención. Una de las noches, nos dio una pequeña charla sobre esa sabiduría y nos dijo algo que no he vuelto a olvidar.

Desde tiempos ancestrales, cuando algún miembro de su tribu se ponía enfermo acudía al chamán en busca de curación, e invariablemente, lo primero que el chamán hacía eran cuatro preguntas: ¿Cuándo dejaste de bailar? ¿Cuándo dejaste de cantar? ¿Cuándo dejaste de pasar tiempo con otras personas? ¿Cuándo dejaste de entrar en el silencio?

Esta forma de proceder del chamán puede sorprender a primera vista, pero encierra una gran sabiduría. Bailar y cantar son dos maneras de celebrar la vida y de entrar en un estado de alegría y de expresión. Pasar tiempo con otras personas alimenta nuestra necesidad de contacto, de unión y de intimidad. Y entrar en el silencio nos permite liberarnos de preocupaciones y tensión mental, así como conectar con la esencia de nuestro ser. ¿Es todo esto importante? Sí, mucho.

Igual que necesitamos comer para mantener nuestra vida y nuestra salud, también necesitamos alegría, disfrute y contacto. Cuando esto está ausente en nuestra vida, nuestro sistema inmunitario funciona peor y somos más vulnerables a todo tipo de enfermedades. Y esta afirmación no es ya sólo parte de la sabiduría de los pueblos ancestrales, es algo que nuestra ciencia moderna ha demostrado con datos. Desde los años sesenta, la medicina mente-cuerpo ha desarrollado una intensa investigación que muestra la relación indivisible entre nuestro plano físico y nuestros planos mental y emocional. Las emociones cuentan y mucho cuando hablamos de salud y de enfermedad. Es por ello que la medicina actual cada vez está introduciendo más estos aspectos en sus protocolos de diagnóstico y tratamiento.

Es curioso cómo desde nuestra sociedad moderna actual tendemos a mirar a esas tribus indígenas con un cierto aire de superioridad procedente de la arrogancia de creernos más inteligentes y con más conocimientos. Pero el conocimiento no sólo procede de la ciencia, también procede de la experiencia... Y a eso es a lo que llamamos sabiduría.

Cuando ese chamán hacía las cuatro preguntas, está claro que no tenía la información científica que tenemos hoy y que nos permite comprender muchos de los mecanismos de nuestro cuerpo y nuestra mente. Pero sí que tenía la experiencia de saber que cuando las personas dejaban de celebrar la vida, de divertirse y de disfrutar en compañía de otros, enfermaban. Y que no había más que revertir eso para que la salud volviese en muchos de los casos.

¿Quieres tener buena salud? Baila, canta, diviértete, celebra la vida, pasa tiempo con otras personas, busca el contacto y la intimidad, y pasa tiempo contigo, busca esa intimidad también. Este es el medicamento de más amplio espectro que hay; además, no tiene efectos secundarios. Bueno, sí que tiene uno: la pasión por la vida.

33

Caminante no hay camino, se hace camino al andar

Si echo la vista atrás y miro lo que ha sido mi vida hasta el día de hoy, veo el camino que he realizado, las tierras por las que he transitado, las cosas que me han ocurrido y las personas con las que he compartido un trecho del recorrido; pero sobre todo veo que mi vida se ha ido haciendo y dibujando en el propio caminar.

A lo largo de los años he planificado mucho porque ésta es una tendencia que tengo y que forma parte de mi estructura de carácter. Desde pequeño me recuerdo mirando hacia delante y definiendo lo que quería ser y cómo quería que fuera mi vida, haciendo planes, escribiéndolos, y luego pasando a la acción. Sin embargo, la forma que ha ido tomando mi vida ha diferido mucho de mis planes. A lo largo del camino han ido abriéndose vías que no había planificado, ocurriendo acontecimientos que no había previsto y presentándoseme oportunidades que no había imaginado. Y es que la vida real es esto: vías que se abren, acontecimientos que ocurren, oportunidades que se presentan. En definitiva, la vida es lo que te va ocurriendo.

El gran poeta español Antonio Machado nos dice en uno de sus poemas: "Caminante no hay camino, se hace camino al andar". Aún así, ¡cuántas veces esperamos a tener todo atado y bien atado para ponernos a caminar, o nos volvemos rígidos en nuestros planes desaprovechando así las oportunidades que se presentan!

En estos momentos estamos viviendo tiempos de cambio que están disolviendo muchas de las estructuras, caminos y formas de vida que habían estado con nosotros durante muchos años. Esto crea en la sociedad no solamente problemas como el del desempleo, sino también mucha ansiedad porque los seres humanos tenemos necesidad de seguridad. Ahora nos vemos enfrentados a esa verdad que afirma Antonio Machado porque la vida es cambio, porque no hay camino, se hace camino al andar. Ahora más que nunca hemos de interiorizar esta verdad y convertirnos en verdaderos creadores en lugar de imitadores.

Caminante no hay camino, se hace camino al andar

El artista que se enfrenta al lienzo vacío siente al mismo tiempo la angustia y la ansiedad de ese vacío, y la excitación del potencial, de la aventura, del no saber, del lanzarse al vacío, de crear. Muchos de nosotros, y la sociedad en su conjunto, nos encontramos ahora en ese lugar y, aunque la excitación de la aventura de crear nuestra vida se pueda ver ensombrecida por las dificultades, el miedo y la ansiedad, si la buscamos está ahí porque el alma humana anhela la expresión creativa, la experimentación y el cambio. Es muy importante que conectemos con ese lugar interior porque no sólo nos ayudará a navegar las dificultades y a mitigar el miedo y la ansiedad, sino también a crear lo nuevo en nuestra vida, algo que puede ser extraordinariamente gratificante porque será nuestra propia creación.

34

Los cinco arrepentimientos más comunes antes de morir

El título de este artículo puede parecer un poco macabro, pero la realidad es que una de las cosas que más nos ayudan a aclarar lo que realmente importa y nuestros valores es precisamente la única experiencia de la que todos tenemos certeza alguna vez llegará: nuestra propia muerte.

Hace unos años, una enfermera australiana, Bronnie Ware, publicó un libro: *Los cinco arrepentimientos de los que están a punto de morir*, en el que revela sus experiencias con personas con enfermedades incurables que habían sido enviadas a casa para morir. El libro se ha convertido en un *best seller* mundial, y la verdad, no es extraño porque transmite una sabiduría que todos queremos y debemos conocer. Reproduzco aquí las palabras de esta enfermera hablando de esos cinco arrepentimientos más comunes de aquellas personas a las que acompañó en sus últimas semanas de vida.

"Durante muchos años he trabajado en cuidados paliativos. Mis pacientes eran los que habían ido a casa a morir. Algunos momentos increíblemente especiales fueron compartidos. Estuve con ellos durante las últimas tres a doce semanas de sus vidas.

La gente madura mucho cuando se enfrentan a su propia mortalidad. Aprendí a nunca subestimar la capacidad de una persona para crecer. Algunos cambios fueron fenomenales. Cada uno de ellos experimentó una variedad de emociones, como es de esperarse: la negación, el miedo, el enojo, remordimiento, más negación y finalmente la aceptación. Sin embargo, cada paciente encontró su paz antes de partir, cada uno de ellos".

Bronnie le preguntó a sus pacientes acerca de lo que hubieran hecho de modo diferente en sus vidas y una y otra vez surgieron las mismas cosas. Estos son los cinco arrepentimientos más comunes.

> 1) *Ojala hubiese tenido el coraje para vivir una vida auténtica por mí mismo, no la vida que otros esperaban de mí.* "Cuando la gente se da

cuenta de que su vida está casi terminada y mira hacia atrás con lucidez, es fácil ver cuántos sueños quedaron truncados. La mayoría no ha realizado ni siquiera la mitad de ellos y debe morir sabiendo que se debe a las elecciones que ha hecho o que no ha hecho."

2) *Ojalá no hubiese trabajado tanto.* "Es un remordimiento masculino por excelencia. Todos los hombres que atendí lamentaron profundamente haber empleado la mayor parte de sus vidas en la rutina laboral. Se perdieron la niñez de sus hijos y la compañía de sus esposas."

2) *Me hubiese gustado tener el coraje para expresar mis sentimientos.* "Mucha gente reprime sus sentimientos para mantenerse en paz con los demás. Como resultado de esto, se instalan en una existencia mediocre y nunca llegan a convertirse en lo que verdaderamente son capaces de ser. Muchos desarrollan enfermedades relacionadas con la amargura y el resentimiento que arrastran por este motivo."

4) *Lamento no haberme mantenido en contacto con mis amigos.* "Frecuentemente se valora las

amistades no suficientemente cultivadas cuando se toma conciencia de que ya no habrá tiempo de hacerlo. Muchos han quedado tan atrapados en sus propias vidas que han dejado amistades de oro perderse a través de los años. Vi un muy profundo remordimiento por no haber brindado a esas amistades el tiempo y el esfuerzo que merecían. Todos extrañan a sus amigos cuando se están muriendo."

5) *Desearía haberme permitido ser más feliz.*
"Muchos no se dan cuenta hasta el final de que la felicidad es una elección. Se han quedado trabados en viejos patrones y hábitos. El miedo al cambio los ha llevado a fingir ante los demás, y ante sí mismos, que eran felices, cuando en su interior ansiaban poder reírse con ganas y tomarse la vida con humor-"

Qué decir ante este despliegue de humanidad y de sabiduría. Para los pacientes de Bronnie ya era demasiado tarde para cambiar las cosas pero los que tenemos la fortuna de poder mirar hacia adelante y ver tiempo, tenemos la posibilidad de hacer elecciones y tomar iniciativas que hagan que no lleguemos al final de nuestras vidas sintiendo arrepentimiento. Persigue alguno de tus sueños. Da igual que lo consigas o no, lo importante es la experiencia del camino y la satisfacción de haber sido fiel a ti mismo. No trabajes tanto, vive una vida equilibrada en la que no te pierdas cosas verdaderamente importantes como pasar tiempo con tu familia o dedicarlo a tus aficiones. Permítete sentir porque quien no siente está muerto en vida. No pierdas el contacto con tus amigos y toma la iniciativa para mantener viva esa amistad. Decide hoy mismo que tu vida será una vida feliz y haz los cambios que necesites para ello. La felicidad es en primer lugar una elección y luego una consecuencia de cómo vivimos nuestra vida.

35

Soy el dueño de mi destino

Probablemente, una de las cosas que los seres humanos más deseamos y valoramos es la libertad y el sentirnos dueños de nuestra vida. Cuando esto ocurre, el miedo y la ansiedad, tan habituales en nuestros días, son sustituidos por la seguridad y la serenidad. Sin embargo, muchas personas no se sienten ni libres ni dueñas de su vida, se sienten atrapadas en las realidades en que viven y con poco margen de maniobra para cambiarlas.

En esta situación es difícil encontrar la felicidad y la plenitud que todos deseamos. Pero si miramos el problema con más detenimiento, nos damos cuenta de una distinción fundamental: la diferencia entre sentirse y ser. Que no nos sintamos libres y dueños de nuestro destino no implica que no lo seamos, de la misma manera que no sentirse atractivo o atractiva no implica que no lo seamos. En nuestra percepción de la vida, el componente subjetivo tiene un peso muy grande y da forma a la realidad en que vivimos porque nuestra realidad es siempre una percepción.

El gran filósofo Emmanuel Kant decía: "No sabemos lo que hay ahí fuera", refiriéndose a la realidad exterior, "de lo único de lo que podemos ser conscientes es de los fenómenos mentales, de la realidad que nuestro cerebro crea para nosotros". Esta misma verdad la encontramos en las tradiciones espirituales, como la tradición hindú, cuando afirman que vivimos dentro de una ilusión, lo que ellos llaman "maya".

Indudablemente que nos podemos encontrar en una situación de vida en la que nuestra libertad esté limitada: tenemos que ir todos los días al trabajo, tenemos que ocuparnos de nuestra familia e hijos, tenemos que pagar la hipoteca… tenemos, tenemos, tenemos. Todos estos "tenemos" parecen ir en contra de nuestra libertad y de ser los dueños de nuestra vida y de nuestro destino. Y aquí es donde está la clave porque la realidad es que no tenemos que hacer ninguna de estas cosas, sino que "elegimos" hacerlas. Aunque a simple vista pueda parecer lo contrario, en todo momento estamos haciendo una elección, estamos "decidiendo" ir al trabajo, ocuparnos de nuestra familia o pagar la hipoteca ya que podríamos decidir hacer todo lo contrario porque tenemos esa libertad. Cuando tomamos conciencia de este hecho, nos empezamos a sentir dueños de nuestra vida porque somos nosotros los que decidimos.

Esto nos lleva al título de este artículo "Soy el dueño de mi destino". Para poder ser los dueños de nuestro destino, primero hemos de ser los dueños de nuestra vida. Una vez que lo somos, y que tenemos conciencia de que todo lo que hacemos día a día son elecciones, se abre ante nosotros la posibilidad de realizar elecciones que nos conduzcan a vivir la vida que deseamos vivir. Innumerables personajes de la historia, y muchas de las personas que nos rodean en nuestra vida diaria, nos muestran cómo el ser humano tiene la capacidad de crear su vida y su destino. Para ello, lo primero es creer que puedes, y lo segundo, ponerte manos a la obra haciendo las elecciones y tomando las iniciativas que te lleven a donde quieres estar. Y paso a paso, nota a nota, ir componiendo la sinfonía de tu vida.

Epílogo

Hay veces que cuando estoy con otras personas y sale el tema de la felicidad, alguien me dice: "La felicidad es una quimera y realmente no existe, sólo existen momentos felices".

La verdad es que tienen razón, la felicidad entendida como estar permanentemente en estado de alegría y satisfacción no existe porque la vida no es así. Los problemas, las dificultadas, los sinsabores, las crisis... son parte de la vida y pensar que la felicidad es la ausencia de éstas lo único que nos sume es en un estado interior de conflicto entre ese anhelo profundo de nuestra naturaleza y las realidades de la vida.

Pero la felicidad tiene más que ver con la sensación interior de que la vida merece la pena, que es una experiencia única e irrepetible y que podemos saborear día a día con sus luces y sus sombras. De hecho, si no existieran las sombras, tampoco existirían las luces, y es en ese juego de luz y sombra en el que cada uno pintamos el lienzo de nuestra vida.

Con las reflexiones de este libro espero haberte aportado algunas ideas, algunos pinceles, para que el lienzo de tu vida sea un lienzo feliz.

También te invito, a visitar mi media site (www.quetengasungrandia.com) en el que regularmente publico contenidos con el deseo de compartir sabiduría e inspiración para hacer de la vida una experiencia extraordinaria.

Sobre el autor

Empresario, escritor, comunicador. Juan Manuel Martín es director ejecutivo de TBDO Group, autor de varios libros, conferenciante en empresas y organizaciones, y comunicador vocacional.

Después de una extensa formación académica en ingeniería en España e Inglaterra, y en gestión empresarial en la IESE Business School, ocupó diferentes puestos ejecutivos que culminaron en la dirección general de la filial española de una compañía tecnológica multinacional norteamericana.

Fue la salida de esta empresa que le había proporcionado el estatus de hombre de éxito, la que le brindó la oportunidad de hacer un alto en su carrera y embarcarse en un viaje personal de búsqueda de sabiduría sobre la vida y la naturaleza humana que siempre le habían atraído.

Como consecuencia de este "viaje" y de la transformación personal que le supuso, decidió cambiar el rumbo de su carrera profesional. En el año 2003 funda la compañía consultora TBDO con la misión de hacer una contribución positiva al éxito de las empresas y al bienestar de las personas en su trabajo.

Hoy en día compagina su actividad empresarial y emprendedora con la de escritor y comunicador, contribuyendo a enriquecer la vida de otras personas en todo el mundo.

Su website personal es:
www.juanmanuelmartinmenendez.com

Otros libros

Juan Manuel Martín Menéndez es también autor de los libros:

Que tengas un gran día. *Seis claves para la felicidad y el éxito en el trabajo… y en la vida.*

y

The aliveness factor. *A Mediterranean guide to joyful living* (este libro está por el momento sólo disponible en inglés)

Puedes ver más información de ellos, así como opiniones de los lectores en www.juanmanuelmartinmenendez.com.

www.ingramcontent.com/pod-product-compliance
Lightning Source LLC
LaVergne TN
LVHW041337080426
835512LV00006B/507